AF340193

LES CODES FRANÇAIS

ANALYSÉS

Par L. C. SIMONET

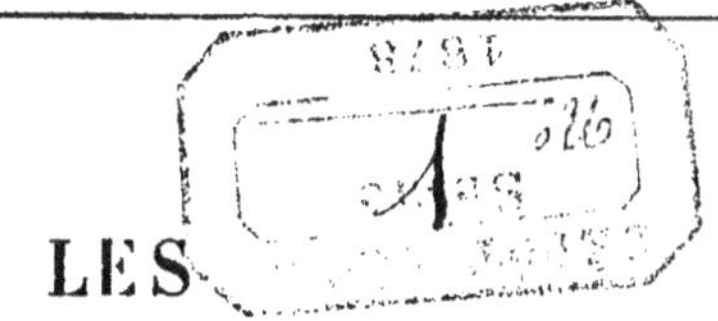

CODE CIVIL

DU CONTRAT DE LOUAGE

(ARTICLES 1708 A 1762)

Prix du Fascicule : 50 centimes

A PARIS

CHEZ L'AUTEUR, QUAI DES GRANDS-AUGUSTINS, 27

1878

LIVRE TROISIÈME

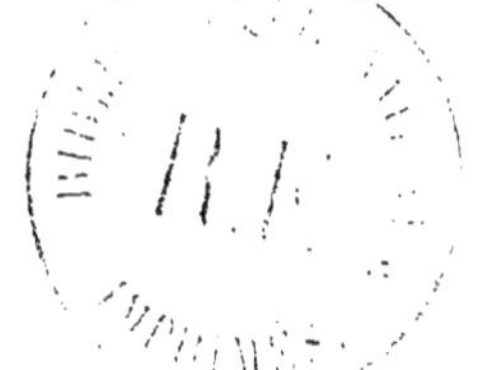

TITRE VIII
Du contrat de louage.

CHAPITRE Ier
DISPOSITIONS GÉNÉRALES

ART. 1708.

Deux genres de contrats de louage. — Il y a deux sortes de contrats de louage :

Celui des *choses*,

Et celui d'*ouvrage*.

ART. 1709.

Ce que c'est que le louage des choses. — Le louage des choses est un contrat par lequel l'une des parties s'oblige à faire jouir l'autre d'une chose pendant un certain temps, et moyennant un certain prix que celle-ci s'oblige de lui payer.

Art. 1710.

Ce que c'est que le louage d'ouvrage. — Le louage d'ouvrage est un contrat par lequel l'une des parties s'engage à faire quelque chose pour l'autre, moyennant un prix convenu entre elles.

Art. 1711.

Subdivision des deux genres de louage en espèces particulières. — Ces deux genres de louage se subdivisent encore en plusieurs espèces particulières :

On appelle

Bail à loyer, le louage des maisons et celui des meubles ;

Bail à ferme, celui des héritages ruraux ;

Loyer, le louage du travail ou du service ;

Bail à cheptel, celui des animaux dont le profit se partage entre le propriétaire et celui à qui il les confie.

Les *devis*, *marchés* ou *prix fait*, pour l'entreprise d'un ouvrage moyennant prix déterminé, sont aussi un louage, lorsque la matière est fournie par celui pour qui l'ouvrage se fait.

Ces trois dernières espèces ont des règles particulières.

Art. 1712.

Baux des biens nationaux, de ceux des communes et établissements publics : Règlements particuliers. — Les baux des biens nationaux, des biens des communes et des établissements publics, sont soumis à des règlements particuliers.

CHAPITRE II

DU LOUAGE DES CHOSES

Art. 1713.

Biens que l'on peut louer. — On peut louer toutes sortes de biens meubles ou immeubles.

TROIS SECTIONS :

Section I. — *Des règles communes aux biens des maisons et des biens ruraux.*
Section II. — *Des règles particulières aux baux à loyer.*
Section III. — *Des règles particulières aux baux à ferme.*

SECTION Ire

DES RÈGLES COMMUNES AUX BAUX DES MAISONS ET DES BIENS RURAUX

ART. 1714.

Formes du bail. — On peut louer ou par écrit ou verbalement.

ART. 1715.

Bail verbal ; aucune exécution : Inadmissibilité de la preuve par témoins. — Si le bail fait sans écrit n'a encore reçu aucune exécution, et que l'une des parties le nie, la preuve ne peut être reçue par témoins, quelque modique qu'en soit le prix, et quoiqu'on allègue qu'il y a eu des arrhes données.

—— **Faculté de déférer le serment.** — Le serment peut seulement être déféré à celui qui nie le bail.

ART. 1716.

Bail verbal ; exécution commencée ; contestation sur le prix. — Lorsqu'il y aura contestation sur le prix du bail verbal dont l'exécution a commencé, et qu'il n'existera point de quittance, le propriétaire en sera cru sur son serment, si mieux n'aime le locataire demander l'estimation par experts ; auquel cas les frais de l'expertise resteront à sa charge, si l'estimation excède le prix qu'il a déclaré.

ART. 1717.

Droit de sous-louer et de céder le bail. — Le preneur a le droit de sous-louer, et même de céder son bail à un autre, si cette faculté ne lui a pas été interdite.

Faculté d'interdire ce droit : Rigueur de la clause. — Elle peut être interdite pour le tout ou partie.

Cette clause est toujours de rigueur.

ART. 1718.

Application aux baux des biens de mineurs des articles 1429 et 1430. — Les articles du titre *Du contrat de mariage et des droits respectifs des époux*, relatifs aux baux des biens des femmes mariées, sont applicables aux baux des biens des mineurs.

Art. 1719.

Obligations du bailleur. — Le bailleur est obligé, par la nature du contrat, et sans qu'il soit besoin d'aucune stipulation particulière,

1° De *délivrer* au preneur la chose louée ;

2° D'*entretenir* cette chose en état de servir *à l'usage* pour lequel elle a été louée ;

3° D'*en faire jouir paisiblement* le preneur pendant la durée du bail.

Art. 1720.

—— **Délivrance de la chose en bon état de toutes réparations**. — Le bailleur est tenu de délivrer la chose en bon état de réparations de toute espèce.

—— **Entretien de toutes réparations nécessaires autres que locatives**. — Il doit y faire, pendant la durée du bail, toutes les réparations qui peuvent devenir nécessaires, autres que les locatives.

Art. 1721.

—— **Garantie de tous les vices empêchant l'usage de la chose**. — Il est dû garantie au preneur pour tous les vices ou défauts de la chose louée qui en empêchent l'usage, quand même le bailleur ne les aurait pas connus lors du bail.

S'il résulte de ces vices ou défauts quelque perte pour le preneur, le bailleur est tenu de l'indemniser.

Art. 1722.

Chose détruite en totalité par cas fortuit : Résiliation du bail de plein droit. — Si, pendant la durée du bail, la chose louée est détruite en totalité par cas fortuit, le bail est résilié de plein droit ;

Chose détruite en partie : Diminution du prix, ou même résiliation ; — Si elle n'est détruite qu'en partie, le preneur peut, suivant les circonstances, demander ou une diminution du prix, ou la résiliation même du bail.

—— **Aucun dédommagement dans les deux cas**. — Dans l'un et l'autre cas, il n'y a lieu à aucun dédommagement.

Art. 1723.

Interdiction au bailleur de changer la forme de la chose

louée. — Le bailleur ne peut, pendant la durée du bail, changer la forme de la chose louée.

Art. 1724.

Réparations urgentes : Obligation du preneur de les souffrir. — Si, durant le bail, la chose louée a besoin de réparations urgentes et qui ne puissent être différées jusqu'à sa fin, le preneur doit les souffrir, quelque incommodité qu'elles lui causent, et quoiqu'il soit privé, pendant qu'elles se font, d'une partie de la chose louée.

—— **Durée de ces réparations excédant 40 jours : Diminution du prix.** — Mais, si ces réparations durent plus de quarante jours, le prix du bail sera diminué à proportion du temps et de la partie de la chose louée dont il aura été privé.

—— **Privation de logement : Faculté de résilier le bail.** — Si les réparations sont de telle nature qu'elles rendent inhabitable ce qui est nécessaire au logement du preneur et de sa famille, celui-ci pourra faire résilier le bail.

Art. 1725.

Troubles de jouissance par des tiers; simple voie de fait : Aucune garantie par le bailleur. — Le bailleur n'est pas tenu de garantir le preneur du trouble que des tiers apportent par voies de fait à sa jouissance, sans prétendre d'ailleurs aucun droit sur la chose louée; sauf au preneur à les poursuivre en son nom personnel.

Art. 1726.

Troubles par une action concernant la propriété du fonds : Diminution du prix. — Si, au contraire, le locataire ou le fermier ont été troublés dans leur jouissance par suite d'une action concernant la propriété du fonds, ils ont droit à une diminution proportionnée sur le prix du bail à loyer ou à ferme, pourvu que le trouble et l'empêchement aient été dénoncés au propriétaire.

Art. 1727.

—— **Garantie due au preneur.** — Si ceux qui ont commis les voies de fait prétendent avoir quelque droit sur la chose louée, ou si le preneur est lui-même cité en justice pour se voir condamner au délaissement de la totalité ou de partie de cette chose, ou à souffrir l'exercice de quelque servitude, il doit appeler le bailleur en garantie, et doit être mis hors d'instance, s'il l'exige, en nommant le bailleur pour lequel il possède.

ART. 1728.

Obligations principales du preneur. — Le preneur est tenu de deux obligations principales,

1° D'*user* de la chose louée *en bon père de famille*, et *suivant la destination* qui lui a été donnée par le bail, ou suivant celle présumée d'après les circonstances, à défaut de convention ;

2° De *payer le prix du bail* aux termes convenus.

ART. 1729.

Emploi de la chose louée à un autre usage : Résiliation possible, suivant les circonstances. — Si le preneur emploie la chose louée à un autre usage que celui auquel elle a été destinée, ou dont il puisse résulter un dommage pour le bailleur, celui-ci peut, suivant les circonstances, faire résilier le bail.

ART. 1730.

Existence d'un état des lieux : Obligation du preneur de rendre la chose louée suivant cet état. — S'il a été fait un état des lieux entre le bailleur et le preneur, celui-ci doit rendre la chose telle qu'il l'a reçue, suivant cet état,

—— **Exception.** — Excepté ce qui a péri ou a été dégradé par vétusté ou force majeure.

ART. 1731.

Non-existence d'un état des lieux : Présomption que le preneur a reçu la chose louée en bon état de réparations locatives. — S'il n'a pas été fait d'état des lieux, le preneur est présumé les avoir reçus en bon état de réparations locatives, et doit les rendre tels,

—— **Preuve contraire.** — Sauf la preuve contraire.

ART. 1732.

Responsabilité du preneur à l'égard des dégradations ou pertes. — Il répond des dégradations ou des pertes qui arrivent pendant sa jouissance ,

—— **Exception.** — A moins qu'il ne prouve qu'elles ont eu lieu sans sa faute.

Art. 1733.

Responsabilité du preneur à l'égard de l'incendie. — Il répond de l'incendie,

— **Exception,** — A moins qu'il ne prouve

Que l'incendie est arrivé par *cas fortuit* ou *force majeure*, ou par *vice de construction ;*

Ou que *le feu a été communiqué* par une maison voisine.

Art. 1734.

Responsabilité solidaire des divers locataires à l'égard de l'incendie. — S'il y a plusieurs locataires, tous sont solidairement responsables de l'incendie ;

— **Exception,** — A moins qu'ils ne prouvent que l'incendie a commencé dans l'habitation de l'un d'eux, auquel cas celui-là seul en est tenu ;

Ou que quelques-uns ne prouvent que l'incendie n'a pu commencer chez eux, auquel cas ceux-là n'en sont pas tenus.

Art. 1735.

Responsabilité du preneur à l'égard des dégradations du fait des personnes de sa maison ou des sous-locataires. — Le preneur est tenu des dégradations et des pertes qui arrivent par le fait des personnes de sa maison ou de ses sous-locataires.

Art. 1736.

Durée du bail verbal; délai pour le congé. — Si le bail a été fait sans écrit, l'une des parties ne pourra donner congé à l'autre qu'en observant les délais fixés par l'usage des lieux.

Art. 1737.

Cessation du bail écrit, à l'expiration du terme. — Le bail cesse de plein droit à l'expiration du terme fixé, lorsqu'il a été fait par écrit, sans qu'il soit nécessaire de donner congé.

Art. 1738.

Bail par tacite réconduction. — Si, à l'expiration des baux écrits, le preneur reste et est laissé en possession, il s'opère un nouveau bail dont l'effet est réglé par l'article relatif aux locations faites sans écrit.

Art. 1739.

Impossibilité d'invoquer la tacite réconduction, s'il y a congé

signifié. — Lorsqu'il y a un congé signifié, le preneur, quoiqu'il ait continué sa jouissance, ne peut invoquer la tacite réconduction.

ART. 1740.

Caution pour le bail : Ne s'étend pas à sa prolongation. — Dans le cas des deux articles précédents, la caution donnée pour le bail ne s'étend pas aux obligations résultant de la prolongation.

ART. 1741.

Cas de résolution du contrat de louage. — Le contrat de louage se résout

Par la perte de la chose louée,

Et par le défaut respectif du bailleur et du preneur, de remplir leurs engagements.

ART. 1742.

Mort du bailleur ou du preneur : N'est pas une cause de résolution. — Le contrat de louage n'est point résolu par la mort du bailleur, ni par celle du preneur.

ART. 1743.

Vente de la chose louée : N'empêche pas le cours du bail ayant date certaine. — Si le bailleur vend la chose louée, l'acquéreur ne peut expulser le fermier ou le locataire qui a un bail authentique ou dont la date est certaine,

—— **Exception.** — A moins qu'il ne se soit réservé ce droit par le contrat de bail.

ART. 1744.

Réserve d'expulser le fermier en cas de vente : Principe de l'indemnité. — S'il a été convenu, lors du bail, qu'en cas de vente l'acquéreur pourrait expulser le fermier ou locataire, et qu'il n'ait été fait aucune stipulation sur les dommages et intérêts, le bailleur est tenu d'indemniser le fermier ou le locataire de la manière suivante.

ART. 1745.

—— **Maison, appartement ou boutique : Quantùm de l'indemnité.** — S'il s'agit d'une maison, appartement ou boutique, le bailleur paie, à titre de dommages et intérêts, au locataire évincé, une somme égale au prix du loyer, pendant le temps qui, suivant l'usage des lieux, est accordé entre le congé et la sortie.

Art. 1746.

—— **Biens ruraux : Quantùm de l'indemnité**. —— S'il s'agit de biens ruraux, l'indemnité que le bailleur doit payer au fermier, est du tiers du prix du bail pour tout le temps qui reste à courir.

Art. 1747.

—— **Manufactures, usines : Indemnité réglée par experts.** — L'indemnité se réglera par experts, s'il s'agit de manufactures, usines, ou autres établissements qui exigent de grandes avances.

Art. 1748.

—— **Délai dans lequel le locataire qui peut être expulsé en cas de vente, doit être averti.** — L'acquéreur qui veut user de la faculté réservée par le bail, d'expulser le fermier ou locataire en cas de vente, est, en outre, tenu d'avertir le locataire au temps d'avance usité dans le lieu pour les congés.

—— **Délai dans lequel le fermier de biens ruraux doit l'être.**— Il doit aussi avertir le fermier de biens ruraux, au moins un an à l'avance.

Art. 1749.

—— **Droit du fermier ou locataire, avant l'expulsion, d'être payé des dommages et intérêts.** — Les fermiers ou les locataires ne peuvent être expulsés qu'ils ne soient payés par le bailleur, ou, à son défaut, par le nouvel acquéreur, des dommages et inté- ci-dessus expliqués.

Art. 1750.

—— **Bail n'ayant pas date certaine : Aucuns dommages-inté- rêts par l'acquéreur.** — Si le bail n'est pas fait par acte authen- tique, ou n'a point de date certaine, l'acquéreur n'est tenu d'aucuns dommages et intérêts.

Art. 1751.

A quelle époque l'acquéreur à pacte de rachat peut user de la faculté d'expulser le preneur. — L'acquéreur à pacte de rachat ne peut user de la faculté d'expulser le preneur, jusqu'à ce que, par l'expiration du délai fixé pour le réméré, il devienne proprié- taire incommutable.

SECTION II

DES RÈGLES PARTICULIÈRES AUX BAUX A LOYER

Art. 1752.

Obligation du locataire de garnir de meubles suffisants, sous peine d'expulsion. — Le locataire qui ne garnit pas la maison de meubles suffisants, peut être expulsé, à moins qu'il ne donne des sûretés capables de répondre du loyer.

Art. 1753.

Obligation du sous-locataire envers le propriétaire, au prix de la sous-location, même payé par anticipation. — Le sous-locataire n'est tenu envers le propriétaire que jusqu'à concurrence du prix de sa sous-location dont il peut être débiteur au moment de la saisie, et sans qu'il puisse opposer des paiements faits par anticipation.

—— **Paiements non réputés faits par anticipation.** — Les paiements faits par le sous-locataire, soit en vertu d'une stipulation portée en son bail, soit en conséquence de l'usage des lieux, ne sont pas réputés faits par anticipation.

Art. 1754.

Réparations locatives et dont le locataire est tenu : Usage des lieux à cet égard. — Les réparations locatives ou de menu entretien dont le locataire est tenu, s'il n'y a clause contraire, sont celles désignées comme telles par l'usage des lieux, et, entre autres, les réparations à faire,

—— **Énumération de diverses réparations de cette nature,** Aux âtres, contre-cœurs, chambranles et tablettes des cheminées ;

Au recrépiment du bas des murailles des appartements et autres lieux d'habitation, à la hauteur d'un mètre ;

Aux pavés et carreaux des chambres, lorsqu'il y en a seulement quelques-uns de cassés ;

Aux vitres, à moins qu'elles ne soient cassées par la grêle, ou autres accidents extraordinaires et de force majeure, dont le locataire ne peut être tenu ;

Aux portes, croisées, planches de cloison ou de fermeture de boutique, gonds, targettes et serrures.

Art. 1755.

Réparations locatives occasionnées par vétusté ou force majeure : Charge du bailleur. — Aucune des réparations réputées locatives n'est à la charge des locataires, quand elles ne sont occasionnées que par vétusté ou force majeure.

Art. 1756.

Curement des puits et fosses d'aisance : Charge du bailleur. — Le curement des puits et celui des fosses d'aisance sont à la charge du bailleur, s'il n'y a clause contraire.

Art. 1757.

Durée du bail des meubles loués pour garnir une maison. — Le bail des meubles fournis pour garnir une maison entière, un corps de logis entier, une boutique, ou tous autres appartements, est censé fait pour la durée ordinaire des baux de maisons, corps de logis, boutiques ou autres appartements, selon l'usage des lieux.

Art. 1758.

Durée du bail d'un appartement meublé. — Le bail d'un appartement meublé est censé fait à l'année, quand il a été fait à tant par an ;

Au mois, quand il a été fait à tant par mois ;

Au jour, s'il a été fait à tant par jour.

Si rien ne constate que le bail soit fait à tant par an, par mois ou par jour, la location est censée faite suivant l'usage des lieux.

Art. 1759.

Tacite réconduction du bail à loyer par écrit : Nécessité d'un congé pour expulser le locataire. — Si le locataire d'une maison ou d'un appartement continue sa jouissance après l'expiration du bail par écrit, sans opposition de la part du bailleur, il sera censé les occuper aux mêmes conditions, pour le terme fixé par l'usage des lieux, et ne pourra plus en sortir, ni en être expulsé qu'après un congé donné suivant le délai fixé par l'usage des lieux.

Art. 1760.

Obligations du locataire en cas de résiliation par sa faute. — En cas de résiliation par la faute du locataire, celui-ci est tenu de payer le prix du bail pendant le temps nécessaire à la relocation, sans préjudice des dommages et intérêts qui ont pu résulter de l'abus.

Art. 1761.

Non-résolution de la location par la volonté du bailleur d'occuper la maison. — Le bailleur ne peut résoudre la location, encore qu'il déclare vouloir occuper par lui-même la maison louée, — **Exception,** — S'il n'y a clause contraire.

Art. 1762.

Convention que le bailleur pourra occuper la maison : Obligation de signifier congé. — S'il a été convenu dans le contrat de louage, que le bailleur pourrait venir occuper la maison, il est tenu de signifier d'avance un congé aux époques déterminées par l'usage des lieux.

Les *Codes analysés* seront publiés successivement dans un court délai.

Le *Code Civil* paraîtra en mai 1878. — On peut, dès à présent, souscrire à cet ouvrage, au prix de 6 fr., *franco*.

Paris. — Impr. E. Capiomont et V. Renault, rue des Poitevins, 6.